A força da ternura

Conheça outros títulos de
Leonardo Boff

Civilização planetária

Ecologia: grito da Terra, grito dos pobres

Espiritualidade

Ethos mundial

O Senhor é meu Pastor

A voz do arco-íris

LEONARDO BOFF

A força da ternura

Pensamentos para um mundo igualitário, solidário, pleno e amoroso

SEXTANTE

Caixa Postal 92.144 – Itaipava – Petrópolis
25.741-970 – RJ – Brasil

assessoria jurídica: Cristiano Monteiro de Miranda
e-mail:cristianomiranda@leonardoboff.com
preparo de originais: Virginie Leite
revisão: Luis Américo Costa e Sérgio Bellinello Soares
projeto gráfico e diagramação: Valéria Teixeira
capa: Miriam Lerner
fotolitos: RR Donnelley América Latina
impressão e acabamento: Yangraf Gráfica e Editora Ltda.

CIP-BRASIL. CATALOGAÇÃO-NA-FONTE
SINDICATO NACIONAL DOS EDITORES DE LIVROS, RJ

B661f Boff, Leonardo, 1938-
A força da ternura / Leonardo Boff;
– Rio de Janeiro: Sextante, 2006.

ISBN 85-7542-258-8

1. Ternura (Psicologia) – Aspectos religiosos. 2. Emoções. 3. Espiritualidade. 4. Ética social. I. Título.

06-3600 CDD 177
CDU 177

GMT Editores Ltda.
Rua Voluntários da Pátria, 45 – Gr. 1.404 – Botafogo
22270-000 – Rio de Janeiro – RJ
Tel.: (21) 2286-9944 – Fax: (21) 2286-9244
E-mail: atendimento@esextante.com.br
www.sextante.com.br

Sumário

Introdução

Nem todos podem ler tudo. O que tenho produzido nos últimos 30 anos de trabalho intelectual, sempre articulado com a realidade social, cobre várias áreas de interesse que vão da teologia à ecologia, da espiritualidade à luta pela libertação dos oprimidos, do cuidado com a Terra à ética planetária.

Do conjunto dessa obra, distribuída em algumas dezenas de livros, foram selecionados tópicos que pretendem ter uma função seminal. Como a semente contém em miniatura a árvore, assim os tópicos concentram em pequeno o conteúdo maior dos livros.

O sentido principal desta coletânea é alargar os horizontes da consciência para que os problemas possam ganhar seus respectivos contextos e, assim, ser melhor avaliados.

O efeito final deve ser um aumento de esperança e de vontade de se comprometer com a

Terra, com o resgate da dignidade dos empobrecidos e excluídos, com uma ética que combina justiça e cuidado e com uma espiritualidade que nos faça ligar e re-ligar todas as coisas. Uma espiritualidade que nos faça ver a grande rede de conexões que a todos envolve e que nos remete à Fonte originária de onde tudo brota e para onde tudo retorna, dando sentido à nossa curta passagem por este planeta.

PARTE 1
Ser humano

Viver humanamente

Para conviver humanamente, inventamos a economia, a política, a cultura, a ética e a religião. Mas nos últimos séculos o fizemos sob a inspiração da competição de todos com todos. Isso gerou a falta de solidariedade, o individualismo, a acumulação privada e o consumismo irresponsável. O resultado? Uma solidão aterradora e uma profunda desumanização.

Esse ciclo deve se encerrar, caso contrário ele conduzirá a Terra e a humanidade a um impasse sem retorno. O remédio está em nós: a cooperação que gera a comunidade e a participação de todos na construção de um mundo no qual todos possam caber e viver minimanente felizes.

Esta é a nova centralidade social, a nova racionalidade necessária e salvadora: o sentimento profundo de pertença, de solidariedade, de familiaridade, de hospitalidade, de cuidado e de tolerância, sentados todos à mesma mesa, desfrutando juntos a generosidade da natureza.

O que nos preocupa realmente?

O que preocupa o ser humano não são os imensos espaços vazios do universo, nem o número incomensurável de estrelas, nem a variedade incontável das formas de vida. Tudo isso nos enche de admiração, mas não causa preocupação.

O que agita o ser humano são demandas do coração, onde moram as grandes emoções que fazem ora triste a passagem por esse mundo, ora trágica a existência, ora exultante a vida, ora realizadora dos mais ancestrais desejos humanos.

Como tolerar o sofrimento do inocente, como conviver com a solidão, como aceitar a própria pequenez? Para onde vamos, já que sabemos tão pouco de onde viemos e o que somos? Essas interrogações estão sempre na agenda da inquietação humana.

As visões de mundo, as filosofias, as sabedorias dos povos e as religiões nasceram do esforço de responder a essas questões com honestidade e profundo sentido de seriedade e de reverência.

Temos que escutar essas respostas e fazer com

que elas nos ajudem a encontrar, por nós mesmos, as nossas respostas.

São as respostas pessoais que nos fazem autônomos e maduros, corajosos ou covardes, felizes ou trágicos, esperançosos ou indiferentes, fechados ao chamado de Deus ou abertos a seus apelos.

Somos um elo na corrente da vida

A ética da sociedade dominante atual é utilitarista e antropocêntrica. Falsamente considera que o conjunto dos seres da natureza somente possui razão de existir na medida em que serve ao ser humano, que pode dispor deles a seu bel-prazer. Continua acreditando que o ser humano, homem e mulher, é a coroa do processo evolutivo e o centro do universo.

Mal sabe que o ser humano foi um dos últimos seres a entrar no teatro da criação. Quando 99,98% de tudo já estava pronto, surgimos nós. O universo, a Terra e os ecossistemas não precisaram do ser humano para se organizarem e elaborarem sua majestática beleza.

Se nós entramos na evolução, foi para ser um elo a mais na cadeia da vida, um elo singular, pois temos uma missão específica: cuidar de todas as coisas, ser guardiães delas e ajudar para que continuem a existir e a evoluir como já estão evoluindo há milhões de anos.

Devemos, portanto, reconhecer e respeitar a

história de cada ser da criação. Existiram antes de nós e por milhões de anos sem nós. Por isso, devem ser respeitados como respeitamos as pessoas mais idosas e as tratamos com veneração e respeito.

Eles têm direito ao presente e ao futuro junto conosco.

Que espécie de seres somos?

Atualmente quase todas as sociedades estão enfermas. Produzem má qualidade de vida para os seres humanos e os demais seres da natureza. E não poderia ser diferente, pois estão assentadas sobre um tipo de compreensão do trabalho como exploração ilimitada dos recursos da natureza, sem atenção à capacidade de reprodução e de regeneração de sua integridade. E, o que é pior ainda, exploram a força de trabalho das pessoas, impedindo que expressem sua criatividade.

À exceção de sociedades originárias, como aquelas dos indígenas e de outras minorias no sudeste da Ásia, na Oceania e na América, todas são reféns de um tipo de crescimento material que atende as necessidades apenas de uma parte da humanidade – os países industrializados –, deixando os demais na carência, quando não diretamente na fome e na miséria.

Somos uma espécie que se mostrou capaz de oprimir e massacrar seus próprios irmãos e irmãs da forma mais cruel e sem piedade. Só no século XX morreram em guerras, em massacres e nos campos de concentração e de extermínio cerca de 200 milhões de pessoas. E ainda construímos uma máquina de morte capaz de exterminar a humanidade e danificar profundamente a biosfera.

Como jamais antes na história, somos responsáveis pelo nosso destino. Se queremos continuar a viver, precisamos nos decidir a isso e resolutamente devemos cuidar da vida e da Casa Comum, a Terra.

O outro não é o inferno

O outro não é o inferno. O outro é o caminho para o céu. No fundo, tudo passa pelo outro, pois sem o diálogo com o outro, com o tu, não nasce o verdadeiro eu nem surge o nós que cria o espaço da convivência e da comunhão.

A relação com o outro suscita a responsabilidade. É a eterna pergunta de Caim, o assassino de Abel: "Sou eu responsável por meu irmão?" Sim, colocados diante do outro, de seu rosto e de suas mãos suplicantes, não podemos nos negar: temos que responder. É o que significa a palavra responsabilidade, dar uma resposta ao outro.

É o outro que faz emergir a ética em nós. Ele nos obriga a uma atitude ou de acolhida ou de rejeição. É aqui que surge a questão do bem e do mal. Quer dizer, daquilo que faz bem ou daquilo que faz mal ao outro.

Um dos maiores legados éticos da tradição judaico-cristã reside neste preceito: "Ama o outro como a ti mesmo."

Esse legado nos oferece uma das bases para a

convivência possível e necessária entre todos os povos no mundo globalizado.

A base deve ser mais ética que política. Uma coalizão de valores que se fundam no amor, na hospitalidade e na acolhida incondicional do outro, no respeito de sua cultura e na disposição para uma aliança duradoura com ele garantirá um planeta habitável e uma humanidade civilizada.

Ou fazemos isso ou então perderemos as razões para viver juntos na mesma Casa Comum. E aí, sim, podemos estar a um passo do pior, quem sabe, fadados ao destino dos dinossauros.

Só o ser humano pode

Só nós humanos podemos sentar à mesa com o amigo frustrado, colocar-lhe a mão no ombro, tomar com ele um copo de vinho e trazer-lhe consolação e esperança.

Nenhuma máquina, nenhum computador (nem o mais inteligente) podem fazer isso. Eles não estendem o braço e nos tocam carinhosamente nem choram com os nossos infortúnios.

O ser humano, sim, porque ele tem um coração que sente a chaga do coração do outro e sabe compadecer-se dele. Construímos o mundo a partir de laços afetivos. Esses laços tornam as pessoas e as situações preciosas, portadoras de valor e infinitamente adoráveis.

A força da ternura

A relação de ternura não envolve angústia porque é livre da busca de vantagens e do espírito de conquista.

O enternecimento é a força própria do coração, é o desejo profundo de compartir caminhos e destinos.

A angústia do outro é minha angústia, seu sucesso é meu sucesso e sua salvação ou perdição é minha salvação ou perdição.

Nada resiste ao olhar enternecido de uma mãe para seu bebê e à mão estendida do faminto que pede pão.

O que é ser afetivo?

O afeto não existe sem a carícia, a ternura e o cuidado. Assim como a estrela precisa de aura para brilhar, o afeto precisa da carícia para sobreviver.

É a carícia da pele, do cabelo, das mãos e do rosto que confere concretude ao afeto e ao amor. É a qualidade da carícia que impede o afeto de ser artificial, falso ou dúbio.

A carícia essencial é leve como uma pena. Ou como um entreabrir suave de porta.

Jamais há carícia na violência de arrombar portas e janelas, quer dizer, na invasão da intimidade da pessoa.

A que está destinado o ser humano?

No termo de sua vida terrestre o ser humano deixa atrás de si um cadáver. É como o casulo que possibilitou o emergir irradiante da crisálida e da borboleta, agora livre no horizonte infinito de Deus.

A que está destinado o ser humano? A realizar plenamente as infindáveis possibilidades escondidas dentro de sua realidade corpo-espiritual. A plena concretização dessas sementes depositadas em seu ser se chama ressurreição.

Mas especialmente é chamado a acolher Deus dentro de si de tal forma que se torna Deus por participação, como dizem todos os místicos cristãos.

Então não haverá mais distância, porque a criatura, continuando criatura, mergulhou definitivamente no coração do Criador.

E serão dois numa só e misteriosa Realidade.

PARTE 2
Espiritualidade

A espiritualidade e o Todo

Colocar questões fundamentais e captar a profundidade do mundo, de si mesmo e de cada coisa constitui o que se chamou de *espiritualidade.*

Ela se deriva de espírito. Espírito não é uma parte do ser humano. É aquele momento de nossa consciência pessoal que nos permite sentirmo-nos parte e parcela de um Todo que nos ultrapassa por todos os lados: o universo das coisas, das energias, das pessoas, das produções histórico-sociais e culturais.

Pelo espírito captamos o Todo, e no Todo encontramos Deus, o Grande Espírito.

Como nasce "Deus"

A compreensão de Deus se renova em cada experiência originária que o ser humano faz. Então, Deus ganha novos nomes e seu rosto inefável recebe traços singulares como expressão de nossa veneração e de nosso fascínio.

Deus emerge cada vez que estremecemos em face do Sagrado de todas as coisas. A própria palavra Deus em sua origem sânscrita é significativa. Provém de "DI", que significa brilhar e iluminar. Deus é uma experiência de luz, de descoberta daquela iluminação que espanca as trevas de nossa vida e nos mostra um caminho.

De "DI" nos vem também a palavra dia. Desejar um "bom-dia" a alguém é desejar-lhe que tenha "um bom Deus".

Quantas não são as pessoas, mesmo anônimas, que fazem semelhante experiência de luz e assim experimentam aquilo que significa Deus?

Vivenciar o Espírito no espírito

Como vivenciar o Espírito no espírito?

Tenta sentir em ti as energias em ebulição, o desejo de vida e de comunicação, os impulsos para cima e para a frente e a capacidade de criar coisas novas.

Comporta-te não como um espectador ou um gestor dessa energia vital, mas como um celebrante. Através de tua própria vitalidade sente-te participante da Energia universal que te penetra.

Une-te ao Todo. Sente-te pedra, montanha, nuvem, mar, árvore, animal, pássaro, sol, estrela e universo. Tu és um com todos eles.

Não temas! Tua singularidade não será destruída, ao contrário, será potenciada, porque te sentirás uma centelha do Fogo Universal que arde em ti e em todo o cosmos.

Cuidar do espírito

Cuidar do espírito significa cuidar dos valores que dão rumo à nossa caminhada e alimentar significações que enchem de sentido a nossa vida e que levaremos conosco até o fim de nossa existência.

Cuidar do espírito implica colocar os compromissos éticos acima dos interesses pessoais ou coletivos. Cuidar do espírito demanda acender a brasa interior da contemplação e da oração diuturnamente para que nunca se apague.

Significa especialmente cuidar da espiritualidade, que é a capacidade de sentir Deus a partir do coração e de vê-lo nascer a cada momento no outro que está à minha frente.

A espiritualidade nos ajuda a manter a serenidade e a jovialidade diante da derradeira travessia, a morte, que nos abre as portas para o Mistério que não é aterrador, mas cheio de enternecimento e amor.

Mergulhar na profundidade espiritual do universo

No nível da emoção imediata, pouco se me dá a imensidão dos espaços cheios de grávitons, topquarks, quarks, elétrons, átomos e poeira cósmica, se meu coração não estiver satisfeito, se perdi o sentido do amor e se não encontro um Útero que me acolha definitivamente assim como sou. Isto é, se não me sinto encontrado por Deus e se não encontro Deus.

Mas, se O encontro, tudo ganha transparência. Tudo se liga e re-liga, pois a emoção e a sensibilidade encontram suas raízes no universo e no coração de Deus. Elas emergem em nós como articuladoras de uma força de emoção tão ancestral quanto os elementos primordiais.

Então até um topquark, a porção menor que podemos encontrar de matéria, se transforma num sacramento; o universo das estrelas e das galáxias se transfigura numa dança celeste para o esponsal do amor humano e divino.

Cada vibração traduz a mensagem inefável

pronunciada por cada ser, captada como uma sinfonia de mil e um instrumentos. Como nos ritos do amor e da amizade, assim no universo, cada coisa tem seu sentido, ocupa o seu lugar e está sintonizada com o ritmo da festa e da dança do encontro.

O universo inteiro se faz cúmplice da emoção, da comunicação, do êxtase que une o dentro e o fora, o mínimo e o máximo. Mas tal experiência somente é dada aos que ousam mergulhar na profundidade espiritual do universo, sentindo-se parte e parcela dele.

Nascendo do coração de Deus

Vale a pena crer em Deus?

Vale, e muito, porque quando cremos em Deus queremos expressar a convicção de que a morte não detém a última palavra, e sim a vida.

Quando digo "Creio em Deus", estou querendo dizer: "Existe alguém que me envolve, que me abraça por todos os lados, que me ama, que me conhece em cada canto do meu ser, que me aceita assim como sou com todas as minhas limitações e me diz a cada momento: 'Você é meu filho muito querido, minha filha muita querida.'"

Por fim, quando digo com reverência "Creio em Deus", abro espaço para ouvir o que Deus diz a cada momento sobre mim: "Quero que sejas, quero que vivas, quero que venhas morar comigo em minha casa."

E então me sinto nascendo a partir do coração do próprio Deus.

Já não estamos mais sós

Deus não responde ao porquê do sofrimento. Ele sofre junto. Deus não responde ao porquê da dor. Ele se faz homem das dores. Deus não responde ao porquê da humilhação. Ele se humilha.

Já não estamos mais sós em nosso imenso desamparo. Ele está conosco, ao nosso lado. Acabou-se a solidão. Agora prevalece a comunhão.

Emudece a razão. Fala apenas o coração. E o coração se aquece ao ouvir a história de um Deus que se faz criança, que choraminga e busca o seio da mãe, que não pergunta mas faz, que não responde mas vive conosco uma resposta sem palavras, cheia de luz e de sentido.

Passar da cabeça ao coração

A espiritualidade acontece em nossa vida quando passamos da doutrina para a experiência, da palavra para o sentimento e da cabeça para o coração.

Dessa forma, Deus está em todo o nosso ser. Não apenas na inteligência, nem só na imaginação ou sequer no coração.

Só assim Ele é tudo em nós e tudo em todas as coisas.

Sentir o coração das coisas

Cordialidade significa aquele jeito de ser e de ver que faz descobrir um coração palpitando no interior de cada coisa, de cada pedra, de cada estrela e de cada pessoa. É aquela atitude tão bem retratada pelo *Pequeno Príncipe* de Antoine de Saint-Exupéry: "Só se vê bem com o coração."

O coração consegue ver além dos fatos, vê seu encadeamento com a totalidade, discerne significações e descobre valores.

A cordialidade supõe a capacidade de sentir o palpitar do coração do outro, alegrar-se com ele e manter leve a relação.

Por isso a pessoa cordial é sempre de fino trato, presta atenção a cada sinal e sabe interpretar o significado que ele esconde.

Quem serve a Deus?

É fácil servir diretamente a Deus; essa ação compromete apenas quem serve a Deus.

Servir o próximo em quem Deus está, isso sim nos compromete porque o próximo não é uma abstração, não vive nas nuvens nem é um fantasma da mente. É alguém situado numa realidade na qual pode haver miséria revoltante, injustiça gritante e egoísmo deslavado.

Amar o próximo pobre e doente, humilhado e explorado nos compromete porque nos obriga a mudar. Só quem ama, de verdade, um desses, ama, de fato, a Deus.

Só quem se engaja na libertação desses humilhados e ofendidos é que serve ao Senhor da história. "Quem não ama seu irmão e sua irmã, a quem vê, não é possível que ame a Deus, a quem não vê" (1 João 4: 20).

Por aí se entende a identidade que o evangelista São João estabeleceu entre o amor a Deus e o amor ao próximo (1 João 4: 20).

Os mestres espirituais nos desafiam

O que faz os mestres serem mestres espirituais? Mestres como Cristo, Buda, Gandhi, Dom Hélder Câmara e Dalai-Lama são mestres espirituais porque seus caminhos de vida realizaram por excelência o sentido de todo caminho, que é de unir dois pólos distantes e complementares. Quais?

O pólo daquilo que somos e o daquilo que devemos ser; o da realidade e o do projeto; o da história e o da utopia. O caminho dos mestres ligou e aproximou esses dois pontos diferentes.

Eles foram aqueles que caminhando pela vida lograram aproximar o projeto à sua concreção histórica, anteciparam da melhor forma possível a utopia dentro da realidade. Quanto mais conseguiram realizar semelhante tarefa, mais mestres se fizeram, mais evocadores e convocadores de outros se tornaram.

Aceitando este desafio dos mestres, de caminhar com seriedade e jovialidade, acabaremos por ser mestres também – mestres de nós mesmos.

"O complexo de Deus"

O ser humano moderno criou para si um "complexo de Deus". Comportou-se como se fosse Deus. Através do projeto da tecnociência, pensou que tudo podia: dominar os mares, rasgar as florestas, cruzar os ares, ir até à Lua, descer até às profundezas da Terra e de lá tirar tudo o que lhe interessava.

Seguramente fez a vida muito mais cômoda, o que não significa dizer mais feliz. Ao contrário, assumiu tantas tarefas de construir, manter, fazer, refazer, projetar e continuar a inventar que, de repente, sentiu que não podia mais dar conta de tudo. Ficou assoberbado e praticamente soterrado sob o mundo que ele criou.

Com decepção e tristeza se deu conta de que não é nem pode ser "Deus". Ele também é vulnerável, muitas vezes sente medo diante dos desafios da vida, precisa ouvir uma palavra que lhe dê força e anseia por alguém que lhe coloque a mão no ombro e não tenha vergonha de chorar com ele.

Ele não pode alimentar mais o velho "complexo de Deus", mas humildemente aceitar-se como criatura, sentir o outro como próximo e o próximo como irmão.

São tais sentimentos que o devolvem à sua verdadeira humanidade e lhe trazem uma discreta alegria de viver junto com os demais, tidos como próximos, irmãos e irmãs, filhos e filhas de Deus.

Saber a quem agradecer

Pode haver momentos de absoluta gratidão nos quais não se pergunta nada: sabe-se que Deus aconteceu na nossa vida.

Irrompe uma harmonia, uma derradeira quietude interior, uma unidade de todas as coisas, ligadas a uma única raiz de onde vivem, existem e subsistem.

Podem acontecer momentos assim na vida. Talvez após um longo processo catártico; após penosas crises; quem sabe, no coração de uma vida alienada e pecaminosa.

Deus pode emergir não mais como pergunta nem como resposta ao questionar irrequieto do coração. Ele se apresenta simplesmente como uma Presença suave e persistente.

O ser humano experimenta, então, a grandeza divina, infinitamente maior do que aquela do cosmos. Sente-se o sacerdote de toda a criação; agradece o fato de poder viver; dá graças e canta louvações em nome de tudo e de todos. Pode então invocar o Mistério que experimenta:

"Senhor, apesar de toda a minha pequenez, posso deixar que tudo penetre em mim, posso distender-me para o mais distante do universo, posso tomar tudo em minhas mãos e oferecê-lo a Ti como numa missa cósmica, louvar-Te como o Senhor e dizer: 'Aconteça o que acontecer com minha vida, das profundezas de meu nada e do inferno de minhas tribulações, jamais deixarei de Te louvar e eternamente Te agradecer.'"

Se isso acontecer, saiba, irmão e irmã, que Deus terá irrompido em sua vida. Ele há de ser mais real do que a sua própria realidade; há de existir mais seguramente do que você mesmo existe. Revelou-se como Aquele que é absolutamente importante e que confere sentido a todo o viver.

É nessa oportunidade que você talvez faça a experiência mais gratificante da vida: sentirá a necessidade de agradecer e saberá a quem dirigir-se – a Deus.

Um encontro que não conhece fim

Quem dá sentido à morte dá sentido também à vida. Quem não vê sentido na morte não vê também sentido na vida.

Morte é mais que o último instante de vida. A vida mesma é mortal. Em outras palavras, ela está sempre presente no ato de viver. Assim, vamos morrendo lentamente e em prestações. Quando nascemos, começamos já a morrer, a nos desgastar e a nos despedir da vida.

Primeiro nos despedimos do ventre materno e morremos para ele. Depois nos despedimos da infância, da juventude, da escola, da casa paterna, da idade adulta, da própria profissão, de cada momento que passa e por fim nos despedimos da própria vida.

Essa despedida é um deixar para trás não apenas coisas e relações, mas sempre um pouco de nós mesmos. Temos que nos desapegar, nos empobrecer e esvaziar.

Qual o sentido de todo esse despojamento? Pura fatalidade inexorável? Ou possui um sentido secreto? Despojamo-nos de tudo, até de nós mesmos, no último momento da vida, na morte, porque não fomos feitos para este mundo, mas para algo maior.

Fomos feitos para o Grande Outro, para Deus. Quando ficamos totalmente vazios, então estamos prontos para receber Deus plenamente. E Ele virá e ocupará em nós todos os espaços e se fará um conosco.

É o Amado na amada transformado. Ó suprema felicidade. Ó inefável realização. Um perdido dentro do outro num encontro que não quer conhecer fim.

O divino comércio

A encarnação de Deus mostra a destinação divina e eterna do ser humano. Não vivemos para morrer. Morremos para ressuscitar. Ressuscitamos para quê? Que conteúdo possui a vida humana ressuscitada? A que ela se ordena?

A vida humana se destina a ser o receptáculo de Deus. O ser humano existe por causa de Deus e para Deus. Deus encontra no ser humano uma realização para si que de outra forma não teria.

Deus quer comunicar a sua própria vida. Criou a vida humana para ser o cálice que pudesse acolher a vida divina. A grandeza do cálice é estar vazio para receber o Vinho precioso de Deus.

Numa noite sagrada, enquanto as estrelas seguiam rutilantes seu curso, nasceu, numa estrebaria, aquele Infante que trazia Deus para dentro da história humana e cósmica. Ao fazer-se humano, Deus se humanizava. Ao fazer-se divino, o ser humano se divinizava.

Ó divino comércio entre o céu e a Terra, entre Deus e a humanidade.

Enfrentar as quedas

Cair como Cristo no caminho para o Calvário não significa apenas um acidente físico.

Cair implica reconhecer humildemente os limites de nossas forças diante de situações que nos ultrapassam e que nos dominam.

Cair mostra a fragilidade humana; põe à luz o barro quebradiço do qual somos feitos e revela que não somos onipotentes nem invulneráveis.

Diante da queda podemos ter três atitudes:

A primeira, um espírito de revolta: não aceitamos nossa condição de fraqueza. Erguemos o olhar irado contra o céu.

A segunda, um espírito de resignação: amargurados, reconhecemos nossa limitação, mas nada fazemos para nos livrar dela. Entregamos nossas forças.

A terceira, um espírito de aceitação livre: acolhemos nossa fragilidade, sentimo-nos unidos ao Cristo caído e a todos os caídos da história. Só esse espírito nos devolve forças para nos reerguermos e continuarmos a caminhar.

Uma comunhão misteriosa de destino

Nas últimas gerações fomos tão insensatos que construímos o princípio da autodestruição. Não é fantasia hollywoodiana. Temos condições reais de destruir várias vezes o projeto planetário humano e ferir profundamente a biosfera.

Desta vez não haverá uma arca de Noé que salve alguns e deixe perecer os demais. O destino da Terra e o da humanidade coincidem: ou nos salvamos juntos ou sucumbimos juntos.

Uma comunhão misteriosa de destino nos faz comparecer juntos diante do futuro para o bem ou para o mal, para um total fracasso ou para uma plena realização.

Depois que um Crucificado ressuscitou não podemos mais perder a esperança. A equação se resolve na plena realização da criação e não no absoluto fracasso.

A ressurreição em processo

A ressurreição é um processo que começou com Jesus e se propagará até conquistar toda a criação.

Sempre que no mundo cresce uma vida autenticamente humana; sempre que triunfa a justiça sobre os instintos de dominação; sempre que a graça supera a força do pecado; sempre que homens e mulheres criam mediações mais fraternas no convívio social; sempre que o amor supera o interesse; sempre que a esperança resiste ao cinismo e ao desespero – quando tudo isso ocorre, então se realiza a ressurreição.

E vai se realizar mais e mais até que o mundo inteiro seja transfigurado. Então virá o Senhor para dar um toque final à sua obra, com o pleno esplendor de sua glória.

Quem crê nesse processo de ressurreição não pode mais viver triste. Já antegoza agora aquilo que acontecerá amanhã, no futuro do qual Deus nos deu uma miniatura na ressurreição de Jesus: a suprema transformação da matéria, da humanidade e do universo.

PARTE 3
Universo

O Espírito no universo

Quando há 15 bilhões de anos tudo começou a partir daquele abismo misterioso e fecundo que os físicos chamam de "vácuo quântico" e que nós preferimos chamar de "Fonte originária", de onde tudo sai e para onde tudo retorna, lá estava o Espírito insuflando movimento e vida.

Quando a matéria e as energias primordiais atingiram alto grau de complexidade, lá estava o Espírito fazendo surgir a vida e, como subcapítulo dela, a vida humana.

Quando se inaugurou uma nova etapa da humanidade com a entrada de Deus em nossa história, lá estava o Espírito vindo sobre Maria de Nazaré, fazendo com que o filho que crescia em suas entranhas se fizesse Filho de Deus.

Quando Deus quis nos dar uma pequena amostra do fim bom do universo e da vida, lá estava o Espírito removendo as pedras da sepultura e fazendo ressuscitar Jesus dos mortos.

Quando começou a primeira comunidade dos discípulos de Jesus, lá irrompeu o Espírito em línguas de fogo pairando sobre a cabeça das pessoas e fazendo com que todas elas entendessem a mesma mensagem em sua própria língua.

Sempre que decidimos caminhar no bem, com a mente pura e o coração limpo, aí está o Espírito nos iluminando, inspirando e gritando dentro de nós: "Vem."

E nós também, na força que Ele nos dá, Lhe respondemos com os braços estendidos: "Vem, Espírito Criador, e habita sempre conosco."

O universo como teia de relações

O universo é constituído por uma imensa teia de relações de tal forma que cada um vive pelo outro, para o outro e com o outro; o ser humano é um nó de relações voltado para todas as direções; e a própria Divindade se revela como uma Realidade de plena comunhão e amor.

Se tudo é relação e nada existe fora da relação, então a lei mais universal é a sinergia, a colaboração, a solidariedade, a comunhão e a irmandade universais.

A lei de Darwin da seleção natural por meio da sobrevivência do mais forte deve ser completada por uma visão mais ampla que engloba todos os seres. A interdependência reforça a sobrevivência de todos, pois todos se entreajudam. Essa sinergia e essa cooperação constituem a chave para compreender a sobrevivência e a biodiversidade, e não simplesmente a força do indivíduo que se impõe aos demais.

Se a lógica fosse essa, os dinossauros não teriam desaparecido há 65 milhões de anos e estariam ainda entre nós.

O sentido do universo

Sucintamente podemos dizer que o sentido do universo e de nossa própria existência consciente é sermos um espelho no qual Deus se vê a si mesmo.

Cria o universo como desbordamento de sua plenitude de ser, de bondade e de inteligência.

Cria o diferente Dele, para poder comunicar-se com ele e até assumi-lo em sua própria divina realidade.

Cria o ser humano com consciência para que ele possa ouvir as histórias do universo, possa captar as vozes dos seres da criação, dos céus, dos mares, das florestas, dos animais e da própria história humana e descobrir que todas essas vozes são eco da grande Palavra que Deus continua pronunciando a cada momento e desde toda a eternidade.

PARTE 4
Deus

No princípio está a comunhão

No princípio não está a solidão do Um, mas a comunhão dos Três. Não está Um Ser eterno, infinito e sozinho. Mas a convivência de Três Únicos cheios do mesmo Amor, da mesma Bondade e da mesma Beleza.

A comunhão está, portanto, no começo e no fundamento de tudo.

Por isso ninguém está só. Cada ser que existe, coexiste, convive e comunga com todos os demais e com a Fonte de onde tudo vem e para onde tudo volta.

Deus-comunhão

Deus não é solidão. É comunhão. Por isso, é Pai, Filho e Espírito Santo: uma única família divina.

Cada uma dessas divinas Pessoas é para a outra, pela outra e com a outra. São diferentes para poder se comunicar. Elas se entrelaçam tão profundamente que se uni-ficam. Quer dizer, ficam um só Deus-comunhão, um só Deus-relação, um só Deus-amor.

Se Deus é comunhão, então tudo o que Ele cria guarda as marcas da comunhão. Por isso, tudo no universo comunga com tudo e está relacionado com tudo, em todos os pontos e em todos os momentos, a formiga no chão com a estrela mais distante, o nosso coração com o coração de Deus.

O que significa dizer "Deus existe"?

Dizer "Deus existe" não é a mesma coisa que dizer "uma pedra existe". Proferir a frase "uma pedra existe" não modifica fundamentalmente nada na minha vida.

Mas, se disser "Deus existe", tudo se modifica, porque reconheço a existência de um Sentido último que me acolhe, que é o descanso de meu buscar, que conhece todos os meandros de meu caminho, que é um espaço sagrado no qual não há a ambigüidade do bem e do mal, do sentido e do absurdo, que está para além do que consideramos bem e mal e, no entanto, é o mais íntimo e sagrado de mim mesmo e do inteiro universo.

Crer em Deus modifica totalmente minha vida e o modo como vejo e interpreto o mundo. Viver a partir dessa crença em Deus é sentir-se sempre acompanhado, é contar com uma Estrela que ilumina o caminho, é contar com uma Mão que nos segura, ampara e nos carrega em sua palma.

O que significa dizer Pai, Filho e Espírito Santo?

Poucas coisas são mais terríveis e insuportáveis que o sentimento de rejeição. É sentir-se como um estranho no ninho e o indesejável numa festa. É ter a experiência de morte estando ainda vivo.

Deus-Trindade vem ao encontro desse nosso desamparo.

Quando dizemos Pai, estamos expressando: há alguém que me acolhe definitivamente e me traz junto ao seu seio.

Quando dizemos Filho, vivenciamos: há alguém ao meu lado que coloca sua mão sobre meu ombro e sussurrra: "Não tenhas medo, estou sempre contigo."

Quando dizemos Espírito Santo, experimentamos: há uma energia misteriosa dentro de mim e um entusiasmo inexplicável que animam e iluminam minha vida e me apontam todos os caminhos verdadeiros.

Onde encontrar Deus?

Os homens piedosos sempre perguntaram: onde encontramos Deus? As religiões demarcaram os principais lugares e situações nos quais podemos encontrar Deus: no amor, na oração, na interiorização, na vida simples e comedida, no serviço desinteressado ao próximo.

Os cristãos sabem que encontram Deus na Igreja, em seus sacramentos, nas palavras sagradas das Escrituras, no encontro fraterno e no amor ao próximo.

A pergunta é legítima e as respostas são verdadeiras. Entretanto, aprendemos com Jesus que a pergunta fundamental deve ser outra: onde Deus quer ser encontrado por nós?

Ele marcou o encontro onde nos parece mais contraditório: no oprimido, no sedento, no faminto e no nu. Portanto, naqueles que não contam para os critérios dominantes da sociedade. Naqueles que o sistema considera nulos, pois praticamente não produzem nada e quase nada consomem. Deus quis reconhecer sua existência.

Ele os chama de "meus irmãos e minhas irmãs menores" e diz: "Quem os recebe a mim recebe, quem os rejeita a mim rejeita."

Na tarde da vida, esse lugar de encontro julga nossa fidelidade ou infidelidade a Deus. No fundo, é aqui que se decide a destinação derradeira do ser humano.

O que se esconde atrás de tudo?

O que finalmente se esconde atrás de tudo? Quem segura com sua mão cada ser e o inteiro universo?

Nós não somos enganados nem enganamos quando dizemos que por trás de tudo existe uma Realidade de infinita ternura, uma Chama de inextinguível amor e uma comunhão de Três Divinos que se amam entre si e nos criaram para sermos companheiros de sua vida e de seu amor: o Pai, o Filho e o Espírito Santo.

E andamos na palma da mão de Deus.

Deus como Absoluto?

Os filósofos costumam falar de Deus como Absoluto. Essa linguagem possui um inconveniente: estabelece, de saída, uma divisão fundamental entre absoluto e relativo, entre tempo e eternidade e entre Deus e o mundo.

Os cristãos, ao contrário, preferem falar de Deus como Comunhão e assim englobam tudo – as Divinas Pessoas, o Pai, o Filho e o Espírito Santo, o universo, a humanidade, o tempo e cada pessoa concreta.

As diferenças ficam, mas não as distâncias. Somos feitos diferentes para podermos comungar uns com os outros e com o próprio Deus.

Deus anônimo

Como homem, Jesus é como todos os homens. Um trabalhador como seu pai, José. Nem super-herói nem um piedoso que chame a atenção.

É um homem de vila e vive no anonimato como todos. Participa do destino humilhante de seu povo subjugado pelas forças de ocupação romana. Não tinha biblioteca nem deixou nada por escrito. Nenhum documento da época se refere a ele. Perde-se na massa dos anônimos.

O fato de ter sido a encarnação de Deus não muda nada dessa situação. Deus quis se revelar nesse tipo de obscuridade, não apesar dela.

A lição é cristalina: qualquer situação, por mais humilde que seja, é suficientemente boa para acolher Deus e para o ser humano fazer-se o receptáculo da plena divindade.

Jesus não é nosso irmão somente por carregar a mesma humanidade que nós, mas é nosso irmão principalmente por ter participado de nosso cotidiano sem brilho e renome.

Disso tiramos esta singela lição: a vida vale a

pena ser vivida assim como é – cotidiana, monótona como o trabalho do dia-a-dia e exigente na paciência de conviver com os outros, ouvi-los, compreendê-los e amá-los como são.

Ele é nosso irmão maior enquanto, dentro desta vida de sombra, viveu tão radicalmente sua humanidade a ponto de trazer Deus para dentro dela.

Ele revelou ao mesmo tempo a humanidade de Deus e a divindade do homem.

Quanta concórdia...

Quanta concórdia, quanta alegria e quanta felicidade não haveria neste mundo se fizéssemos como a Santíssima Trindade: sempre envolver a todos, sempre incluir cada um, sempre acolher os mais diferentes, sempre estabelecer relações de amor com todos os seres humanos e com todo o universo, fazendo-nos seu templo, onde ele se compraz em habitar.

O que havia antes do antes?

Antes do Big Bang não havia nada do que agora existe. Porque, se houvesse, deveríamos perguntar: de onde veio? E aí não pararíamos mais de perguntar, até o infinito.

O que podemos dizer é: existia o Incognoscível e vigorava o Mistério. Sobre o Mistério e o Incognoscível, por definição, não se pode dizer nada. Essas são as palavras que as religiões reservaram para se referir a Deus. Se Deus não fosse Mistério e Incognoscível, Ele caberia dentro de nossa inteligência e, de certa forma, seria cognoscível e perderia seu caráter de Mistério. No máximo seria um enigma a ser decifrado. E a pergunta continuaria aberta: o que havia antes?

O Antes do antes é Deus. Foi Ele que tudo criou e colocou em marcha. Ele alimenta e sustenta cada ser.

Deus não emerge fora do processo da evolução, mas como uma exigência dele. Deus pertence à lógica de todas as coisas e do universo. Tudo vem depois Dele e tudo remete a Ele como origem e destinação.

PARTE 5
Jesus

Humano assim como Jesus só Deus

O homem Jesus de Nazaré revelou em sua vida tanta radicalidade e profundidade que os apóstolos concluíram ao termo de um longo processo de reflexão: humano assim como Jesus só pode ser Deus mesmo. E começaram a chamá-lo de Deus.

A partir desse momento, os apóstolos, que eram judeus, deixaram de ser judeus e tornaram-se cristãos. Os judeus, bem como os muçulmanos, possuem uma profissão de fé em nome da qual estão dispostos a dar a sua vida, e milhares a deram durante a história. Recitam-na três vezes ao dia. O judeu proclama: "Ouve, Israel, um único é Deus e a Ele somente adorarás." O mesmo fazem os muçulmanos com referência a Alá.

Os cristãos não querem multiplicar Deus. Eles também professam que há um único Deus. Mas vão além. Professam que Ele é comunhão e não solidão. Por isso se revelou como Pai, como Filho e como Espírito Santo. É um Deus-comunhão, um único princípio de amor e um único dinamismo infinito de vida.

Deus se revelou no pequeno

Foi nessa humanidade assim pequena e irrisória do homem de Nazaré, carpinteiro e pregador ambulante, que Deus quis se revelar. Não apesar dela, mas exatamente através dela.

Por isso o cristianismo não anuncia a morte de Deus. E sim a humanidade, a benevolência e o amor incondicional de Deus.

Olhemos fundo nos olhos do Menino que sorri entre o asno e o boi: aí está a eterna juventude de Deus.

O que é a encarnação?

A encarnação significa que Deus se propôs a penetrar tão profundamente em nossa condição humana que não quis se eximir de nenhum sofrimento, de nenhuma tentação, de nenhuma limitação própria dos seres humanos.

Quis também sentir toda a profundidade do amor, todo o calor da amizade e toda a alegria de uma festa de casamento.

Assumiu tudo isso como sendo coisa sua.

E, quando morrermos, Ele virá tomar o que é seu e levá-lo para a sua Casa, que será então nossa também.

Como acontece a encarnação

Quanto mais Jesus estava em Deus, mais se divinizava. Quanto mais Deus estava em Jesus, mais se humanizava. Ora, Jesus estava de tal forma em Deus que se identificou com Ele. Deus estava de tal forma em Jesus que se identificou com ele. Então Deus se fez homem para que o homem se tornasse Deus.

Se alguém aceitar que Jesus foi aquele homem que pôde de tal forma se relacionar e estar em Deus a ponto de sentir-se de fato seu Filho, se alguém aceitar que Deus pôde de tal forma relacionar-se com Jesus a ponto de mostrar-se como Pai, então está aceitando e professando aquilo que os cristãos sempre aceitaram e professaram como sendo a encarnação de Deus acontecida na história.

A ressurreição como insurreição

Há uma questão da existência social do ser humano que atormenta o espírito e para a qual a ressurreição do Crucificado traz um raio de luz: que sentido tem a morte violenta dos que se empenharam pela causa da justiça? Que futuro têm aqueles proletários, camponeses, índios e anônimos que historicamente foram crucificados por reivindicarem seus direitos?

Geralmente a história é contada pelos que triunfaram, numa perspectiva de acordo com seus interesses. O sofrimento dos vencidos, quem o pagará?

A ressurreição de Jesus nos oferece uma resposta. Pois quem ressuscitou foi um desses derrotados e crucificados, Jesus, feito servo sofredor e condenado à crucificação.

Quem ressuscitou não foi um César no auge de sua glória, nem um general no apogeu de seu poderio militar, nem um sábio na culminância de sua fama. Quem ressuscitou foi um Crucificado e expulso da Terra. Ele herdou as primícias da vida nova.

A ressurreição de Jesus mostrou que Deus tomou partido pelos vencidos. O algoz não triunfa sobre sua vítima. Deus ressuscitou a vítima e, com isso, não defraudou nossa sede por um mundo, finalmente, justo e fraterno. Só ressuscitando os vencidos fazemos justiça a eles e lhes devolvemos a vida roubada, vida agora transfigurada.

A insurreição contra as injustiças confere o verdadeiro sentido à ressurreição.

Transdescendência

A singularidade do cristianismo não é afirmar a transcendência de Deus e do ser humano. Isso sempre o fizeram as grandes tradições filosóficas da humanidade.

A singularidade do cristianismo é afirmar corajosamente a transdescendência de Deus. Deus desceu, fez-se pequeno, uma criança, nosso irmão. Ao morrer, como diz o Credo, foi até o fundo dos infernos para encontrar lá seus irmãos e suas irmãs.

Não quis nos encontrar num palácio nem num templo nem numa escola de sábios. Mas numa estrebaria. Ali, junto com os animais, Ele quis revelar seu amor humanitário para que ninguém pudesse se sentir longe Dele e abaixo Dele.

PARTE 6
Libertação

Conversão aos pobres

A opção pelos pobres e contra a pobreza constitui a marca registrada da teologia da libertação. Essa opção que muitas Igrejas cristãs fizeram em meados do século XX implicou uma mudança de lugar social. Isso significa que se começou a olhar os pobres a partir da situação social dos pobres e não dos ricos. Essa mudança de leitura trouxe grandes transformações.

Antes de mais nada, esse novo olhar nos fez descobrir a cultura deles, sua maneira simples de ser, sua forma de rezar, de celebrar, de encontrar-se com Deus e de relacionar-se com os demais. Para aqueles que tiveram coragem de fazer essa mudança de lugar social – religiosos, religiosas, padres e bispos –, isso representou uma verdadeira conversão no sentido do evangelho: uma mudança no estilo de vida, na forma de relacionar-se com os pobres e de encarar os bens materiais de modo mais despojado e solidário.

Muitos bispos deixaram os palácios episcopais e foram morar em casas simples. Muitos padres, religiosos e religiosas se inseriram nas periferias e nas favelas e foram participar da vida dos empobrecidos.

Muitos teólogos começaram a ter um pé na miséria e outro na faculdade e tentaram articular evangelho e miséria, de onde nasceu a idéia de libertação e a teologia da libertação.

Mais que tudo, essa mudança de lugar social significou um encontro profundo e verdadeiro com o Jesus histórico, que foi pobre e não tinha onde repousar a cabeça. Representou também uma comunhão mais íntima e profunda com o Deus da ternura dos humildes e o Deus do direito dos injustiçados, mensagem central dos profetas.

O Deus da libertação

Como os cristãos comprometidos com a libertação dos oprimidos experimentam Deus?

Também eles sentem Deus como Mistério, como uma Realidade que não pode ser manipulada a serviço dos interesses humanos. Mais que tudo, mostram sensibilidade por aquele Deus que escuta o clamor dos sofredores e quer a sua justiça. Experimentam-no como Deus libertador, Deus vivo e vivificador, Deus da ternura dos humildes e da iracúndia sagrada contra as injustiças que assassinam seus filhos e filhas.

Reverenciam-no como Aquele que aponta para o futuro. Amam-no como a inarredável Esperança. A Ele se agarram como sustento no combate e como consolo no desamparo da repressão.

Essas são palavras que se encontram no dicionário, mas querem fazer presente Aquele que nenhum dicionário pode conter, aquela Presença que nos acompanha sempre no concreto da vida e no contexto das tribulações humanas.

A revolução absoluta

Jesus não começou pregando a si mesmo ou à Igreja. Ele anunciou a proximidade do Reino de Deus. Para Jesus, Reino de Deus não significava a mesma coisa que para os ouvintes contemporâneos. Para estes, o Reino de Deus é a outra vida, o céu e a pós-morte.

Esta expressão "Reino de Deus" ocorre 122 vezes nos evangelhos e 90 na boca de Jesus. Significa a realização de uma esperança radical sempre presente na história humana: da superação de todas as maldades, da destruição das dores físicas, da perversidade moral do coração, da sofrida distância de Deus e do império da morte.

Reino de Deus é a libertação total *de* todas essas mazelas e libertação total *para* tudo o que é reto, bom, honesto e divino.

Reino de Deus significa uma revolução absoluta, a única que resgata o passado, plenifica o presente e realiza o futuro.

A força intrínseca da libertação

A libertação dos oprimidos representa o que deve ser. E o que deve ser tem força intrínseca como a força do amor. Por isso, no seu termo, nada resiste ao anseio de libertação e ao amor. Eles acabam triunfando.

É semelhante à força da chuva sobre os imensos incêndios na Amazônia. A chuva é composta de milhões e milhões de gotas. Uma gota faz muito pouco, tanto quanto a água trazida por um beija-flor, que, solidário, quer dar também a sua contribuição na extinção do fogo devorador.

Ora, são esses milhões e milhões de gotas, quais milhões de minúsculos beija-flores, que apagam, em poucas horas, o incêndio mais persistente da floresta amazônica.

Assim é a força misteriosa do bem e do amor, a soma da força invencível dos pequenos em busca de sua libertação.

As duas economias

A economia dos bens materiais é diferente da economia dos bens espirituais.

Na primeira, quanto mais dou, menos tenho. Na segunda, quanto mais dou, mais tenho.

Na primeira, na economia dos bens materiais, quanto mais dou roupas, terras e dinheiro, menos tenho em bens materiais. Na segunda, na economia dos bens espirituais, quanto mais dou amor, generosidade e compaixão, mais sou em bens espirituais.

Finalmente são esses bens espirituais que não se corrompem, que não morrem e que podemos levar conosco para a vida eterna.

Trabalho e cuidado

Desde a mais remota antiguidade assistimos a um drama de graves conseqüências: a ruptura entre o trabalho e o cuidado. Nos últimos 10 mil anos, de forma lenta mas persistente, o trabalho começou a predominar sobre o cuidado – trabalho feito como frenética busca de eficácia, como afã nervoso de produção e ânsia incontida de dominação das forças da natureza.

Essa corrida se acelerou enormemente com a implantação, nos três últimos séculos, do processo industrialista que tomou conta de toda a Terra. Estabeleceu uma verdadeira ditadura do trabalho-produção e do trabalho-intervenção em todos os processos da natureza.

O trabalho não é mais relacionado com a modelagem da natureza para morarmos mais e melhor. Virou um meio de ficarmos mais ricos sem definirmos o sentido e a destinação da riqueza, que virou um fim em si mesma, escravizando o ser humano à seguinte lógica: quem não tem quer ter; quem tem quer ter mais; quem tem mais diz que nunca é suficiente.

Só o resgate do cuidado poderá nos salvar. O cuidado não se opõe ao trabalho, mas faz com que ele sirva à vida, à produção da felicidade e à instauração da convivência. O cuidado ajuda a encontrar a justa medida entre o esforço para garantirmos o bem viver de todos e o tempo para estarmos juntos e celebrarmos a gratuidade da vida e a beleza da criação.

O cuidado é sempre um gesto amoroso. É antes a mão que acaricia do que a mão que agarra. O cuidado é a mão que se estende na direção de outra mão para juntas moldarem um entorno humano que nos permita viver singelamente felizes neste belo e esplendoroso planeta.

O nascimento de um novo mundo

Viemos de um ensaio civilizatório, hoje mundializado, que realizou coisas extraordinárias a ponto de nos levar à Lua. Mas é materialista e mecanicista, linear e determinístico, dualista e reducionista, atomizado e compartimentado. Separou homem e mulher, matéria e espírito, ciência e vida, Estado e povo, economia e política, Deus e mundo.

Mas estamos assistindo também a um outro tipo de civilização que consegue contemplar o Todo na parte e a parte no Todo, que vê a matéria unida ao espírito dando origem à vida, que entende a Terra como Grande Mãe, superorganismo vivo, e o ser humano como a própria Terra que sente, pensa, ama, venera, cuida, grita por socorro e se compadece.

Enfim, está surgindo uma civilização da religação, que aproxima os distantes, faz dos próximos irmãos e irmãs e consegue ligar e re-ligar todas as coisas: o passarinho da rama com a estrela mais distante, a flor que sorri com o deserto mais tórrido, o olhar inocente de uma criança com a máquina mais sofisticada, o pulsar do coração com o curso das estrelas. Consegue contemplar tudo e tudo umbilicalmente ancorado no Coração de Deus.

Qual é o nosso sonho?

Somos movidos por sonhos. Qual é o nosso sonho? Qual é o sonho da sociedade civil mundial que ganhou visibilidade nos povos reunidos no Fórum Social Mundial em Porto Alegre, em Seattle e em Gênova?

É o sonho da inclusão de todas as pessoas na família humana, morando juntas na mesma e única Casa Comum, a Terra. O sonho da integração de todas as culturas, etnias, tradições e caminhos religiosos e espirituais no patrimônio comum da humanidade.

O sonho de uma nova aliança dos humanos com os demais seres vivos da natureza, plantas, animais, aves, entendendo-os, verdadeiramente, como irmãos e irmãs na imensa cadeia da vida, da qual somos um elo entre outros.

O sonho de uma economia política do suficiente e do decente para todos, incluindo os demais organismos vivos.

O sonho de cuidado de uns para com os outros a fim de exorcizarmos definitivamente o medo.

O sonho de hospitalidade, tolerância, convivência e comensalidade, de todos sentados juntos ao redor da mesma mesa como membros da grande família humana.

O sonho da coexistência pacífica e alegre das diferenças de idéias, de artes, de tradições, de religiões e de valores humanos.

O sonho da capacidade de perdoar que permite recomeçar a história sem amarguras e sem ressentimentos.

O sonho de um diálogo de todos com o seu Ser profundo, de onde nos vêm inspirações de benquerença, de cooperação e de amorosidade.

O sonho de uma re-ligação de todos com a Fonte originária, de onde promanam os seres, dando-nos o sentimento de acolhida num derradeiro Útero no qual todas as nossas contradições serão resolvidas e onde todas as nossas lágrimas serão enxugadas.

Então cairemos nos braços de Deus-Pai-e-Mãe de infinita bondade, descansaremos de nosso longo peregrinar e penar e, finalmente, poderemos alegremente irradiar vida e mais vida para sempre.

Criar a cultura da paz

Onde buscar inspiração para a cultura da paz? É o próprio processo da evolução humana que nos pode fornecer indicações objetivas e seguras.

A singularidade do 1% de carga genética que nos separa dos primatas superiores reside no fato de que nós, à distinção deles, somos seres sociais e cooperativos. Ao lado de estruturas de agressividade, temos capacidades de afetividade, compaixão, solidariedade e amorização. Hoje é urgente que desentranhemos tais forças para conferir rumo mais benfazejo à história. Toda protelação é insensata, pois as ameaças de grandes catástrofes provocadas pela irresponsabilidade humana são iminentes.

O ser humano é o único ser que pode intervir nos processos da natureza e co-pilotar a marcha da evolução. Ele foi criado criador. Dispõe de recursos de reengenharia da violência mediante processos civilizatórios de contenção e uso da racionalidade. O espírito de cooperação deve prevalecer sobre o espírito de competitividade, caso contrário nos autodevoraremos.

A essência do ser humano reside antes no cuidado que na inteligência e na liberdade. Isso porque o cuidado é o condicionador prévio para que esses atributos possam irromper na evolução.

Sem cuidado, nem o ser humano nem qualquer ser vivo tem sua vida garantida. Tudo precisa de cuidado para continuar a existir. Cuidado representa uma relação amorosa para com a realidade. Onde vige cuidado de uns para com os outros desaparece o medo, origem secreta de toda agressão e toda violência.

A cultura da paz começa quando se cultiva a memória e o exemplo de figuras que representam o cuidado e a vivência da dimensão de generosidade que nos habita, como Gandhi, Dom Hélder Câmara e Martin Luther King.

Importa fazermos as revoluções moleculares, aquelas que começam conosco.

Cada um assume a paz como projeto pessoal e coletivo, a paz como método e como meta, a paz que resulta dos valores da cooperação, do cuidado, da com-paixão e da amorosidade de uns para com os outros.

PARTE 7
Terra

Somos um, Terra e humanidade

De lá da nave espacial ou da Lua, a Terra, um planeta esplendoroso, azul e branco, emerge apenas como um pequeníssimo corpo celeste na imensidão escura do universo.

É o terceiro planeta do Sol, estrela média de quinta grandeza, um entre outros 200 bilhões de sóis de nossa galáxia, a Via Láctea, que é uma entre outros 100 bilhões de galáxias junto com conglomerados infindáveis de outras galáxias.

O sistema solar dista 28 mil anos-luz do centro da Via Láctea, na face interna do braço espiral de Órion.

Como testemunhou em 1982 Isaac Asimov, conhecido cientista russo, grande divulgador de conhecimentos astronômicos, ao celebrar os 25 anos do lançamento do Sputnik, que inaugurou a era espacial: o legado desses primeiros 25 anos de viagens pelo espaço extraterrestre é a percepção de que, na perspectiva das naves espaciais, a Terra e a humanidade formam *uma única entidade.*

Repare-se que ele não diz que formam uma unidade, resultante de um conjunto de relações entre várias partes. Afirma muito mais que isso: formamos uma única entidade, vale dizer, somos um único ser, Terra e humanidade, ser complexo, diverso, contraditório e dotado de inteligência, propósito e encantadora beleza.

O universo caminhou 15 bilhões de anos para produzir essa admirável obra que nós, seres humanos, recebemos como herança para cuidar como jardineiros e preservar como guardiães fiéis.

A Terra como Gaia e Grande Mãe

A vida não está apenas sobre a Terra e ocupa parte dela, a biosfera.

A própria Terra, como um todo, se revela como um macroorganismo vivo. Ela possui um equilíbrio tão sutil em seus elementos físico-químicos, como o oxigênio e o carbono, que somente um ser vivo pode ter.

Da mesma forma a salinização dos oceanos, o regime de chuvas e secas, a direção dos ventos e das correntes marinhas – tudo forma um sistema de equilíbrio sutilíssimo que perdura e se renova há milhões e milhões de anos, tornando as condições gerais propícias para a vida.

O que as mitologias dos povos originários do Oriente e do Ocidente testemunhavam acerca da Terra como a Grande Mãe – a Mãe dos mil seios para significar sua indescritível fecundidade – vem mais e mais sendo confirmado pela ciência experimental avançada. Ela tomou uma deusa grega que expressava a vitalidade da Terra, Gaia, para expressar o fato de a Terra ser viva e mãe de todos os viventes.

A Terra como nave espacial

Terra e humanidade podem ser comparadas a uma nave espacial em pleno vôo. Essa nave tem recursos limitados de combustível, alimentos e tempo de transcurso.

1% dos passageiros viaja na primeira classe com todo o conforto da superabundância de meios de vida.

4% dos passageiros vão de classe econômica com recursos suficientes para todos.

95% dos passageiros se encontram amontoados junto às bagagens passando frio e necessidade.

Esse é o fato real e brutal do estado da Terra.

Reparando-se bem, pouco importa a situação social e econômica dos passageiros. Todos estão dentro da mesma nave e correm a mesma ameaça de vida pelo esgotamento dos recursos disponíveis.

Se não fizerem um acordo de repartir equitativamente os recursos escassos, todos poderão ter o mesmo trágico destino. Pouco importa se estão na primeira classe, na classe econômica ou junto às bagagens.

Por que não fazemos esse acordo já, enquanto temos tempo, e assim poderemos continuar a viagem com o suficiente e o decente para todos os seres humanos, bem como para os demais seres vivos da natureza?

Desta vez não há alternativa: ou nos salvamos todos ou todos pereceremos.

A Terra, objeto de amor

A Terra transformou-se atualmente no grande e obscuro objeto do amor humano. Damo-nos conta de que podemos ser destruídos. Não por algum meteoro rasante nem por algum cataclismo natural de proporções inimagináveis. Mas por causa da irresponsável atividade humana.

Duas máquinas de morte foram construídas e podem destruir a biosfera: as armas de destruição em massa e a sistemática agressão ecológica ao sistema Terra.

Em razão desse duplo alarme, despertamos de um ancestral torpor. Somos responsáveis pela vida ou pela morte de nosso planeta. Depende de nós o futuro da humanidade e da nossa querida Casa Comum, a Terra.

Como meio para a salvação da Terra é invocada a ecologia. Não no seu sentido convencional, como gerenciamento dos recursos naturais escassos, mas como um novo olhar sobre a realidade, como um novo paradigma de relacionamento com todos os seres – pelo qual consideramos o ser humano parte e parcela da natureza, os seres todos interdependentes e cúmplices na preservação e co-evolução de todos e a própria Terra como um superorganismo vivo, chamada pelos cientistas de Gaia, a Grande Mãe dos antigos, que tudo gera e sustenta.

Estamos aprendendo a amar a Terra como a nossa mãe, aquela que nos deu vida e alimenta.

Sentir-se Terra

A Terra não produz apenas nós, seres humanos. Produz a miríade de microorganismos que compõem 90% de toda a rede da vida, os insetos, que constituem a biomassa mais importante da biodiversidade.

Produz as águas, a capa verde com a infinita diversidade de plantas, flores e frutos.

Produz a diversidade incontável de seres vivos, animais, pássaros e peixes, nossos companheiros dentro da unidade sagrada da vida, porque em todos estão presentes os 20 aminoácidos e as quatro bases fosfatadas que entram na composição de cada ser vivo.

Produz para todos as condições de evolução, de alimentação e de subsistência no solo, no subsolo e no ar.

Somos filhos e filhas da Terra. Sentir-se Terra é mergulhar na comunidade terrenal, no mundo dos irmãos e das irmãs, todos gerados pela grande e generosa Mãe Terra, nosso lar comum.

Consagração da Terra

"Terra minha querida, Grande Mãe e Casa Comum! Finalmente chegou tua hora de unir-te à Fonte de todo ser e de toda vida. Vieste nascendo para isso, lentamente, há milhões e milhões de anos, grávida de energias criadoras.

Teu corpo, feito de poeira cósmica, era uma semente no ventre das grandes estrelas vermelhas que depois explodiram, te lançando pelo espaço ilimitado. Vieste aninhar-te, como embrião, no seio de uma estrela ancestral, no interior da Via Láctea, transformada depois em Supernova.

Ela também sucumbiu de tanto esplendor. E vieste então parar no seio acolhedor de uma Nebulosa, onde, já menina crescida, perambulavas em busca de um lar. E a Nebulosa se adensou, virando um Sol esplêndido de luz e de calor. Ele se enamorou de ti, te atraiu e te quis em sua casa, junto com Marte, Mercúrio, Vênus e outros planetas. E celebrou o esponsal contigo. De teu matrimônio com o Sol nasceram filhos e filhas, frutos de tua ilimitada fecundidade, desde os mais pequeninos, bactérias, vírus e fungos, até os maiores e mais complexos seres vivos. E, como expressão nobre da história da vida, nos geraste a nós, homens e mulheres.

Através de nós, tu, Terra querida, sentes, pensas, amas, falas e veneras. E agora, Terra querida, permite que realize o gesto de Jesus na força de seu Espírito. Como ele, cheio de unção, te tomo em minhas mãos impuras, para pronunciar sobre ti a Palavra sagrada que o universo escondia e tu ansiavas por ouvir: '*Hoc est corpus meum*. Isto é o meu corpo. *Hic est sanguis meus*. Isto é o meu sangue.' E então senti: o que era Terra se transformou em Paraíso e o que era vida humana se transfigurou em vida divina. O que era pão se fez corpo de Deus e o que era vinho se fez sangue sagrado.

Finalmente, Terra, te fizeste Deus por participação. Enfim na casa de Deus-Pai e de Deus-Mãe de infinita bondade."

PARTE 8
Ecologia

Queremos o ambiente inteiro

Não queremos apenas o meio ambiente. Queremos o ambiente inteiro.

Um ser vivo, como um animal ou uma planta, não pode ser visto isoladamente fora do seu habitat natural.

Deve ser visto e analisado sempre em relação ao conjunto das condições vitais que o constituem e no equilíbrio com todos os demais representantes da comunidade dos viventes com os quais comparte a vida. A esse conjunto de fatores chamamos de bioma, bioma do cerrado, bioma da mata atlântica, bioma das florestas tropicais úmidas.

Tal concepção fez com que os cientistas deixassem os laboratórios e se inserissem organicamente na natureza, onde tudo convive com tudo formando uma imensa comunidade ecológica. Eles próprios se descobrem como parte integrante deste mundo e não apenas como espectadores.

Desse convívio homem-natureza nasce a responsabilidade de cuidar dos ecossistemas, de ajudar a que se regenerem e de manter as condições ecológicas para a sua ulterior evolução.

Tudo está relacionado com tudo

A realidade que nos cerca e da qual somos parte não deve ser pensada como uma máquina, mas como um organismo vivo; não como constituída de partes estanques, mas como sistemas abertos, formando redes entrelaçadas de relações.

Vigoram duas tendências básicas em cada ser e no inteiro universo: uma a de auto-afirmar e outra a de se integrar num todo maior. Importa equilibrar essas duas tendências. Caso contrário, caímos no individualismo mais feroz – a auto-afirmação – ou no coletivismo mais homogeneizador – a integração no todo.

Por isso temos sempre de ir e vir das partes para o todo, dos objetos para as redes, das estruturas para os processos, das posições para as relações.

A natureza é, então, sempre co-criativa, co-participativa, ligada e re-ligada a tudo e a todos e principalmente à Fonte de onde se originam todos os seres.

A natureza é mestra

Em momentos de crise civilizacional é imperioso consultar a Fonte originária de tudo, a natureza. O que ela nos ensina?

Ela nos ensina que a lei básica do universo e da vida não é a competição que divide e exclui, mas a cooperação que soma e inclui.

Todas as energias, todos os elementos, todos os seres vivos, desde as bactérias e os vírus até os seres mais complexos, são inter-relacionados e, por isso, interdependentes.

Uma teia de conexões nos envolve por todos os lados, fazendo-nos seres cooperativos e solidários. Quer queiramos ou não, essa é a lei do universo. Por causa dessa teia de interdependências chegamos até aqui e poderemos ter ainda futuro.

É essa soma de energias e de conexões que ajuda a sair das crises e a fundar um novo ensaio civilizatório, suficientemente forte para enfrentar situações críticas e responder a novos desafios.

Harmonia entre ecologia interior e exterior

O estado do mundo está ligado ao estado de nossa mente. Se o mundo está doente, é indício de que nossa mente também está doente.

Há agressões contra a natureza porque dentro da mente humana prevalece a vontade de dominação, funcionam visões, arquétipos, emoções que levam a exclusões e a violências. Existem uma ecologia interior e uma ecologia exterior que se condicionam mutuamente.

O universo das relações com as coisas é internalizado sob a forma de emoções e sentimentos de aceitação ou de rejeição, de indiferença ou de encantamento – diante de pessoas, culturas, animais, plantas, paisagens e ecossistemas.

O mundo dos artefatos, do computador, da internet, da tecnificação das relações gera uma subjetividade empobrecida, geralmente individualista, privada de experiências significativas, fascinada pelo poder da tecnociência e não raro assentada sobre o status, a aparência e uma precária comunicação com os outros e com a natureza.

Se queremos um mundo saudável, devemos começar tornando sadia nossa mente, respeitosa nossa relação com a natureza, cooperativa a nossa comunicação com os outros e amorosa nossa veneração a Deus.

Então ecologia exterior e ecologia interior se harmonizarão e devolverão equilíbrio e paz à Terra.

Sociedade sustentável

Sustentável é a sociedade que produz o suficiente para si e para os demais seres do sistema da vida e que leva em consideração as gerações futuras, que também têm o direito de viver sustentavelmente.

Sustentável é a sociedade que toma da natureza somente o que esta pode repor, que mostra um sentido de solidariedade e de cooperação com toda a cadeia da vida.

Para ser sustentável, a sociedade deve se mostrar capaz de assumir novos hábitos e de projetar um tipo de desenvolvimento que cultive o cuidado com os equilíbrios ecológicos e que funcione dentro dos limites impostos pela natureza.

Não se trata simplesmente de não consumir, mas de consumir de forma responsável e solidária, pensando em todos os irmãos e irmãs da imensa cadeia da vida.

Escolher o nosso futuro

Precisamos ter paciência com o ser humano. Ele não está pronto ainda. Tem muito a aprender. Em relação ao tempo cósmico, possui menos de um minuto de vida. Mas, com ele, a evolução deu um salto extraordinário: de inconsciente se fez consciente. E com a consciência pode decidir que destino quer para si.

É trágico ter construído uma máquina de morte que poderá fazê-lo desaparecer. Mas não é fatal. Representa antes um desafio do que um desastre possível, significa antes a travessia para um patamar mais alto do que um mergulho possível na autodestruição.

Mas haverá tempo para tal aprendizado?

Somos otimistas: iremos criar juízo e aprender a ser sábios. E só o seremos se mostrarmos amor à vida, se tivermos com-paixão com todos os que sofrem, se realizarmos a justiça social necessária e se cuidarmos da Grande Mãe, a Terra. Incentivam-nos as Escrituras judaico-cristãs, que nos dizem: "Escolhe a vida e viverás."

Antiecologia: a irracionalidade de nosso estilo de viver

O modelo de sociedade e o sentido de vida que os seres humanos projetaram para si, pelo menos nos últimos 400 anos, estão em crise.

Esse modelo nos fazia acreditar que o importante é acumular grande número de meios de vida, de riqueza material, de bens e serviços a fim de poder desfrutar a curta passagem por este planeta.

Para realizar esse propósito nos ajudam a ciência, que conhece os mecanismos da natureza, e a técnica, que faz intervenções nela para o benefício humano. E procurou-se fazer isso com a máxima velocidade possível.

Portanto, busca-se o máximo de benefício com o mínimo de investimento e no tempo mais breve possível.

O ser humano, nessa prática cultural, se entende como um ser *sobre* as coisas, dispondo delas a seu bel-prazer, jamais como alguém que está *junto com* as coisas, convivendo com elas como membro de uma comunidade maior, planetária e cósmica.

O efeito final e triste, somente agora visível de forma inegável, é expresso nesta frase atribuída a Gandhi: "A Terra é suficiente para todos, mas não para os consumistas."

Nosso modelo civilizatório é tão absurdo que, se os benefícios acumulados pelos países ricos fossem generalizados a todos os demais países, precisaríamos de outras quatro Terras iguais a esta que temos.

O que mostra a irracionalidade que esse modo de viver implica.

No começo está o fim

O fim já está presente no começo. Quando os primeiros elementos materiais depois do Big Bang começaram a se constituir e a vibrar juntos já se anunciava o fim: o surgimento do universo uno e diverso, ordenado e caótico, o aparecimento da vida e o irromper da consciência.

Tudo se moveu e se interconectou para dar início à gestação de um céu que então começou como uma sementinha, foi crescendo, crescendo, até acabar de nascer na consumação dos tempos. Esse céu, desde o começo, carregou junto consigo a Terra inteira e tudo o que nela existe e existirá.

Não há céu sem Terra, nem Terra sem céu.

Se assim é, então, em vez de falarmos em fim do mundo, deveríamos e, de fato, devemos falar em futuro do mundo, da Terra e da humanidade.

PARTE 9

Crise

A crise purifica e faz crescer

De crise vem crisol, recipiente onde se purifica o ouro das gangas. Acrisolar quer dizer purificar e limpar o ouro das aderências que ao longo do tempo se incrustaram ao seu redor a ponto de escondê-lo, tirando-lhe todo o brilho.

O que era acidental parece ter se tornado essencial. Mas eis que surge a crise. Ela é dolorosa e libertadora. Produz a purificação do cerne. O que assumira indevidamente papel principal é relegado à sua função secundária.

Depois de qualquer crise, seja corporal, psíquica, moral ou religiosa, o ser humano renasce.

Sai aliviado. Liberta energias poderosas que tornam a vida revigorada e cheia de sentido.

Assumir com coragem a crise

Só crescem e maduram aqueles que vêem nas crises uma chance de nova vida. Mas há uma condição: enfatizar as forças positivas contidas na crise e ter a coragem de reformular ou inventar respostas que integrem as várias dimensões da vida.

Esses não rejeitam o passado por ser passado. Aprendem com ele porque sabem que é um repositório das grandes experiências humanas.

Todo valor, de onde quer que venha, é apreciado como valor e deverá ajudar na formulação de um novo olhar.

Mesmo assim não temem ir além do passado nem se eximem de fazer suas experiências. Então se fazem responsáveis, quer dizer, aqueles que têm a coragem de dar uma resposta pessoal aos desafios da crise.

Não perdem tempo em polêmicas estéreis ou na defesa daquilo que não representa futuro. Mas trabalham e se engajam profundamente na realização de um sonho que corresponda aos desafios da crise, abertos à crítica e à autocrítica, dispostos a aprender sempre.

Essas são as pessoas responsáveis, aquelas que se definem por um *a favor* e não simplesmente por um *contra*.

Ao acolher a crise com toda a sua obscuridade, são presenteadas com uma luz que lhes transfigura o coração e que lhes aponta para uma direção cheia de novas oportunidades.

Saber decidir

Toda situação de crise, para ser superada, exige uma decisão. Que, por sua vez, define uma trilha nova e uma direção diferente.

Por isso a crise é grávida de vitalidade criadora. Não é sintoma de uma catástrofe iminente, mas o "momento crítico" em que a pessoa questiona radicalmente seu destino, o mundo que a cerca e a si mesma, sendo convocada não a opinar sobre isso ou aquilo, mas a decidir um caminho para sua vida. Sem essa decisão não há saída da crise. Idéias podemos ter muitas. Mas o que nos modifica são as decisões que tomamos.

São elas que nos abrem caminho e fazem crescer nossa irredutível identidade pessoal.

Desamparo existencial

Cada pessoa humana se confronta com situações de crise como o desamparo existencial e o sentimento de perda. Perda de um ente querido, da pessoa amada, de um posto de trabalho.

Feliz daquele que encontra alguém que lhe oferece um ombro, que lhe estende a mão calorosa e que carrrega um pouco com ele a cruz que, repartida, se torna suportável e redentora.

Uma asa mais uma asa...

O ser humano é semelhante a um anjo que entrou numa grave crise ao cair e perdeu uma asa. Com uma asa só, não consegue mais voar.

O que faz então?

Abraça-se a outro anjo que também caiu e perdeu uma asa. Assim, um completa o outro. Abraçados, têm novamente duas asas. Superaram a crise. Erguem vôo e conseguem voar para o seu destino.

Se não fossem solidários e se não se abraçassem mutuamente, estariam definitivamente perdidos.

Uma asa mais uma asa não são duas asas, mas um anjo inteiro que recupera sua integridade e sua capacidade de voar – e de voar nas alturas, realizando o chamado de sua natureza.

Conheça outro título de Leonardo Boff

Espiritualidade

Em tempos conturbados como os que vivemos, somos levados aos mais profundos questionamentos: O que estamos fazendo aqui? Qual é o nosso lugar no mundo? Como garantir um futuro melhor para todos? O que existe após a morte?

Iluminando nossa compreensão e mostrando os diferentes caminhos que o Ocidente e o Oriente percorreram em busca de tais respostas, Leonardo Boff reflete sobre o papel que a espiritualidade assumiu no mundo moderno. Suas palavras procuram reforçar em nós o desejo de lutar por uma vida centrada em valores éticos e imateriais.

Com a sensibilidade e o senso crítico comuns à sua obra, ele faz uma importante distinção entre religião e espiritualidade. Enquanto a religião está associada a instituições, dogmas e rituais, a espiritualidade diz respeito às qualidades do espírito humano: solidariedade, tolerância e amor.

Informações sobre os próximos lançamentos

Para receber informações sobre os lançamentos da
Editora Sextante, basta enviar um e-mail para
atendimento@esextante.com.br
ou cadastrar-se diretamente no site
www.sextante.com.br

Para saber mais sobre nossos títulos e autores, e enviar
seus comentários sobre este livro, visite o nosso site:
www.sextante.com.br

Editora Sextante
Rua Voluntários da Pátria, 45 / 1.404 – Botafogo
Rio de Janeiro – RJ – 22270-000 – Brasil
Telefone: (21) 2286-9944 – Fax: (21) 2286-9244
E-mail: atendimento@esextante.com.br